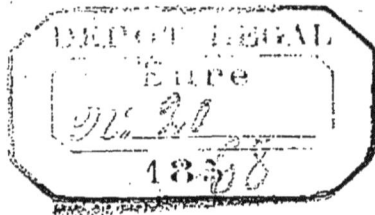

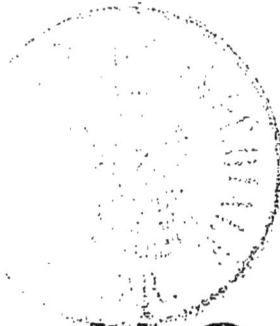

RECHERCHE

DE LA

NOBLESSE

DE L'ÉLECTION D'ÉVREUX

en 1523

RECHERCHE

DE LA

NOBLESSE

DE L'ÉLECTION D'ÉVREUX

EN 1523

AVANT LE DÉMEMBREMENT DES ÉLECTIONS DE CONCHES
ET DE PONT-DE-L'ARCHE

PUBLIÉE POUR LA PREMIÈRE FOIS ET ANNOTÉE

PAR L'ABBÉ P.-F. LEBEURIER

Ancien élève de l'Ecole des chartes, chan. hon. d'Evreux
et archiviste de l'Eure

ÉVREUX

Pierre HUET, Libraire-Editeur
Rue Chartraine, 42

—

M DCCC LXVIII

EVREUX, CANU, IMPRIMEUR,
Rue Chartraino, no 25.

PRÉFACE.

La Recherche de la noblesse dans l'élection d'Evreux en **1523** est publiée ici pour la première fois. Nous l'avons tirée d'un manuscrit du xviiie siècle provenant du collège héraldique et que possèdent aujourd'hui les Archives de l'Eure. C'est un registre in-folio de sept cent soixante-six pages qui contient beaucoup de documents sur la noblesse normande. A la suite de la Recherche de Montfaut par laquelle commence le volume, on trouve (page 159) ce titre : *Rolle de perquisition faitte des personnes nobles es elections d'Arques, Montivilliers au bailliage de Caux commencant le* 19 *juin* **1523**, *vertu des lettres du Roy*

1*

données à Lion le 16 *juin* 1522. Ce titre est suivi d'un tableau semblable à celui que nous publions, mais concernant les élections d'Arques, de Neufchâtel, de Montivilliers et de Caudebec. A la page 224, sous le titre *autres élections* et le sous-titre *élection d'Evreux*, commence la Recherche que nous publions. Elle est suivie, page 243, de la Recherche de l'élection de Gisors, mais celle-ci ne renferme que neuf noms, soit qu'elle se trouve incomplète dans le manuscrit, soit que la Recherche elle-même n'ait pas été terminée.

La Bibliothèque Impériale ne possède aucune copie de la Recherche de la noblesse dans l'élection d'Evreux en 1523, et nous n'en connaissons qu'un seul manuscrit distinct de celui des Archives de l'Eure. C'est une copie, également du xviii° siècle, appartenant aux Archives de la Seine-Inférieure. Notre savant collègue et ami, M. de Beaurepaire, a bien voulu collationner sur notre copie l'exemplaire de Rouen. Nous désignons cet exemplaire sous le titre de Ms. B.

et nous donnons en note le petit nombre de variantes qu'il a fournies.

Cette Recherche de 1523 occupe une position intermédiaire entre les Monstres générales de la noblesse du bailliage d'Evreux en 1469 publiées par M. Bonnin , et le Rôle des taxes de l'arrière-ban du même bailliage en 1562, que nous avons publié. Aussi ces deux derniers documents nous ont beaucoup servi pour interpréter le premier, et toutes les fois que l'occasion s'en est présentée, nous avons groupé dans les notes les renseignements contenus dans ces trois pièces qui se contrôlent l'une l'autre.

Une copie contemporaine des Monstres de 1469 et un original du Rôle de 1562 existent aux Archives de l'Eure. Leur concordance avec la Recherche de 1523 sur presque tous les points donne à celle-ci un degré suffisant d'authenticité. Son autorité peut donc être acceptée sans crainte pour les points sur lesquels les deux autres Rôles gardent le silence. Elle est de plus confirmée par la nature même du texte et par d'autres documents contemporains que nous avons plusieurs fois l'occasion de citer.

Nous avons indiqué autant que possible les armoiries des familles, la position des fiefs et l'orthographe actuelle de leurs noms. Comme il s'agit d'un pays que nous étudions depuis de longues années, notre travail, sous ce rapport, renferme peu de lacunes.

L'origine des élections et des élus, en tant que ces derniers sont considérés comme chargés de surveiller l'assiette et la recette des impôts et par conséquent d'examiner les prétentions de ceux qui voulaient en être exemptés comme nobles, remonte au moins au roi Jean (1).

(1) On sait que dès le temps de Saint-Louis on appelait déjà élus ceux qui étaient choisis par leurs pairs pour répartir la taille imposée aux villes : « Comment l'on doit asseoir tailles es villes nostre sire le Roy. — Soient eslcus 30 hommes ou 40 ou mains, bons et loiaux par le conseil des prestres, et de leurs paroisses, et des autres hommes de religion, et ensement des bourgeois et des autres pru-

Dès que l'usage se fut établi de lever pour les besoins de la guerre des impositions extraordinaires, appelées *aides*, les rois chargèrent souvent des commissaires spéciaux de les recouvrer et de veiller à leur répartition régulière. Aussi, l'assemblée tenue au Pont-Audemer le **22 mars 1350**, pour accorder une aide au roi Jean, demanda-t-elle que cette aide fût recouvrée et donnée à ferme, par les vicomtes des lieux, afin d'éviter la multiplication trop

d'homes, selon la quantité et la grandeur des villes; et ceux qui seront en telle manière eslus jureront sur les saints évangiles, que icheux d'entr'eux meismes ou d'autres, prud'homes d'ichelles villes meisme, esliront siques à douze homes d'iceux, qui seront les meilleurs ichelle taille asseer, et les autres douze hommes nommez jureront sur les saints évangiles, que bien et leaument, il asseiront la dite taille, et n'épargneront nul, ne il ne graveront nul, par haine ou par amour, ou par prière, ou par criente, ou en quelqu'autre manière que ce soit. »
—(Ordon. des rois de France, t. I, p. 186.)

onéreuse au pays des officiers royaux (**2**).

La demande des députés normands fut accordée, mais exceptionnellement ; car en 1358 l'usage bien constaté était de donner des commissions pour la levée des aides à des officiers spéciaux qu'on appelait déjà des *élus*. Ils étaient distribués par diocèse et correspondaient avec des trésoriers généraux établis à Paris. Les états de Compiègne se plaignirent de cet

---

(2) « Item. Pour obvier à multiplication d'officiers requis par les dessusdits, ordené fut par nous, à leur priere, et grant instance, que les vicomtes des lieux en seront bailleurs et receveurs ; car par eulz pourra mieux estre fait au plaisir et proffit du pays, et à mains de grief du peuple, que par quelconques autres : et nous ouye leur bonne et agreable reponse sur les faits dessusdits, dont ils se doloient, et sur les requestes par vertu du pooir à nous donné dudit seigneur, traittasmes et ordenasmes pour et ou nom dudit seigneur, ès fourmes, et manières qui s'ensuivent. » — (Ordon. des rois de France, t. II, p. 406.)

état de choses. Sur leur demande, le dauphin
Charles, régent du royaume, révoqua toutes ces
commissions, et remit aux trois ordres le droit
d'élire ceux qui seraient chargés de recouvrer
les aides (3).

(3) « Item. Nous rappellons toutes lettres et commissions par nous données tant sur le fait des
diz subsides et aides du temps passé, tant aus
generauls a Paris, que aus *esleuz* particuliers
par les dioceses et autrement; et aussi toutes
manieres de reformateurs à Paris et ailleurs, et
le povoir a euls et à chascun d'euls donné par
nostre dit seigueur ou nous, soubz quelconques
fourme de paroles, ne pour quelconque cause que
ce soit, et leur povoir remettons et retenons en
nous, et leur defendons que doresenavant il ne s'en
entremettent en quelconque manière, et les re-
putons pour estre privées personnes : quar lesdiz
prelaz et autres gens d'eglise, nobles et gens
de bonnes villes ont esleu et esliront personnes
qui gouverneront le fait de l'aide à nous presente-
ment octroié en la dite assemblée de Compieigne. »
— Ordon. des rois de France, t. III, page 223.

Mais cette réforme dura peu, si tant est qu'elle ait été exécutée. Nous voyons en effet par les instructions du grand conseil qui accompagnèrent l'ordonnance du 5 décembre 1360, pour la levée d'une aide destinée à payer la rançon du roi et autres dépenses extraordinaires, que chaque cité ou ville épiscopale avait deux personnes notables appelées élus, qui choisissaient un receveur général pour chaque diocèse et établissaient des receveurs particuliers où bon leur semblait, et qui correspondaient directement avec les trésoriers généraux établis à Paris (4).

(4) « Et sera icelle imposicion bailliée à ferme, les caucions prises et les deniers receus de mois en mois, par les esleuz et deputez en chascune cité, pour toute la cité et diocèse ou eveschié d'icelle, tant par euls comme par leurs deputez...... Item est ordené que aus choses dessusdites gouverner et executer en chascune cité, pour icelle cité et pour le diocese, aura deux personnes notables, bonnes et souffisantes, qui lesdiz faiz gouverneront

Ainsi, à l'origine, le territoire des élections se trouva être celui des diocèses. En même temps que les aides deviennent une sorte d'imposition constante, les fonctions d'élus dans les diocèses deviennent des offices dont le roi pourvoit directement. Les Archives de l'Eure possèdent des lettres de Charles VI données à Paris le 13 mai 1403 qui confèrent à Guillaume du Mesnil, pannetier de la reine et varlet tranchant du dauphin « l'office d'esleu sur le fait des aides ordonnées pour la guerre en nostre ville, cité et diocèse d'Evreux, que souloit na-

et exécuteront et feront executer..... Item. Establiront receveurs particuliers en chascune ville où bon leur semblera, pour cüillir et lever ladite aide du vin et des autres beuvrages........ Et seront tenus iceuls esleuz et receveur, de envoyer à Paris par devers les trésoriers generauls ordenez pour le fait de l'aide dessusdite et le receveur general illec, de deux mois en deux mois, tous les deniers que il auront pardevers euls. »— Ordon. des rois de France, t. III, p. 436 et 437.

gaires tenir et avoir Jehan Gontier.........
et voulons que de cy en avant ledit Guillaume du
Mesnil ait et tiengne ledit office d'esleu aus gaiges,
drois, prouffis et emoluments acoustumez et audit office appartenant, tant comme il nous plaira,
et qu'il joisse d'icellui office tout ainsi et par la
forme et maniere que l'un de noz autres esleuz
de notre pays et duchié de Normandie. »

En 1449, l'élection d'Evreux, au moins du
côté de Rouen, allait encore jusqu'aux limites
du diocèse; car après la prise du Pont-de-l'Arche,
les trésoriers généraux ordonnèrent aux élus
d'Evreux d'asseoir une aide sur les paroisses de
la vicomté du Pont-de-l'Arche, que le Roi venait de recouvrer, en y comprenant même les
sergenteries de Freneuse et de Pont–Saint–
Pierre, « que l'en dit estre de l'election de
Rouen,» mais qui se trouvaient aussi alors dans
l'obéissance du Roi (5).

La conformité du territoire des élections avec

(5) Lettres du 5 octobre 1449, Arch. de l'Eure.

celui des diocèses, qui n'a peut-être jamais été absolue , n'a point dû subsister longtemps. L'intérêt des contribuables , le besoin de faciliter les recouvrements, et l'importance de certaines villes comme centres d'administrations et de juridictions civiles, amenèrent de promptes modifications.

La Recherche de Montfaut en 1463, un an après l'érection en cour souveraine des généraux des aides établis à Rouen , nous indique quelle était à cette époque la division de la Normandie sous le rapport des élections. Ce commissaire, en effet, rechercha quels étaient dans chaque élection les usurpateurs de la noblesse et eut constamment recours au témoignage des élus. Nous possédons ses rôles pour neuf élections comprenant toute la Basse-Normandie. Les rôles des élections d'Arques, de Caudebec et de Gisors ont été perdus; et comme sur les réclamations qui s'élevaient de toutes parts le roi révoqua sa commission avant la fin du travail, la recherche n'eut point lieu pour Montivilliers.

Evreux et Alençon (6). Il y avait donc en Normandie en 1463 seize élections : Alençon, Arques, Avranches, Bayeux, Caen, Carentan, Caudebec, Coutances, Evreux, Falaise, Gisors, Lisieux, Montivilliers, Valognes, Vire, plus Rouen, dont il n'est point question dans Montfaut, probablement parce qu'elle était, en dehors de sa commission, comme soumise à la vigilance directe des généraux des aides.

L'élection d'Evreux avait évidemment en 1463 les mêmes limites que le diocèse. Elle était encore très-étendue en 1523, mais elle avait perdu le territoire de trois doyennés et une partie d'un

(6) Le Ms. de la Recherche de Montfaut aux Archives de l'Eure se termine ainsi : « Les rolles des personnes nobles d'Arques, Caudebec et Gisors sont ez mains du lieutenant du bailly de Caux. A Montivilliers, Evreux et Alencon n'y a point été fait d'assiette, pour la deffence du roy. » Alencon n'était peut-être pas alors une élection proprement dite, parce qu'elle était le chef-lieu d'un duché possédé par un prince du sang royal.

quatrième. Les élections de Conches et de Pont-de-l'Arche, formées plus tard, presqu'en entier, de paroisses du diocèse d'Evreux, n'existaient point. L'élection de Bernay existait dès 1482 (7); mais composée pour la plus grande partie de paroisses du diocèse de Lisieux, elle n'avait enlevé à l'ancienne élection ou diocèse d'Evreux que le doyenné d'Ouche et une partie de celui de Lyre. Nous pensons que l'élection de Verneuil existait aussi en 1523 , puisque notre Recherche ne mentionne aucune de ses paroisses, mais elle n'a enlevé au diocèse d'Evreux que les doyennés de Verneuil et de L'Aigle.

Tous les nobles habitant l'élection d'Evreux

(7) Le 19 novembre 1485, les bourgeois de Bernay reconnaissent que « noble homme Maistre » Macé Bastart, escuier, lors (en 1482) recepveur » des aides en l'eslection dudit Bernay » leur avait deduit une somme de 491 livres tournois sur celle de 3,910 livres à laquelle ils avaient été imposés pour la taille.— Orig., Arch. de l'Eure, Bernay.

en 1523 ne furent point, à beaucoup près,
obligés de justifier de leurs titres. Ceux-là
seulement durent comparaître, dont les fer-
miers des aides, pour un motif ou pour un
autre, contestaient la noblesse. Les paroisses qu'ils habitaient, au nombre de
soixante et une, se répartissent ainsi entre les
trois élections formant alors l'élection d'Evreux.
Vingt-trois appartiennent à l'élection moderne
d'Evreux (8); vingt-huit à celle de Conches (9)

(8) Aigleville, Aviron, Champigny, le Cormier,
Evreux, Ferrières-Haut-Clocher, Fresney, Garennes, Guichainville, Hécourt, Houetteville, Huest,
Ivry, Jumelles, L'Habit, Lorey, la Madeleine-de-
Nonancourt, Marcilly-la-Campagne, Mesnil-Péan,
Muzy, la Neuvillette, le Plessis-Grohan et Villiers-
en-Désœuvre.
(9) Ambenay, Beaumont-le-Roger, le Bois-Anzeray, le Bois-Baril, Bois-Normand-la-Campagne,
Bois-Normand-près-Lyre, Burey, Calleville, Conches, Condé-sur-Iton, Damville, Ecquetot, la Guéroulde, la Haye-de-Calleville, Louversey, Lyre,

et dix à celle du Pont - de - l'Arche (**10**).

Nagel, le Neubourg, la Neuville-du-Bosc, Portes, Rugles, Saint-Aubin-d'Ecrosville, Saint-Germain-sur-Avre, Sainte-Marthe, Sainte-Opportune-du-Bosc, le Troncq, la Vieille-Lyre et Villez-sur-le-Neubourg.

(10) Ailly, la Chapelle-du-Bois-des-Faulx, Fouqueville, la Haye-Malherbe, Pont-de-l'Arche, Reuilly, Saint-Pierre-du-Vauvray, Saint-Vigor, le Thuit-Anger, le Vaudreuil.

RECHERCHE

DE LA NOBLESSE DE L'ELECTION D'EVREUX,

en 1523.

1. Pierre de Tourville, de la paroisse de..... a produit sa généalogie a été déchargé.

2. Marc de Comtes, demeurant à Ivry, a produit sa généalogie et plusieurs lettres justificatives.

1. Il faut sans doute lire paroisse de Garencières, d'où était Pierre de Tourville, anobli en 1512. Voyez l'Etat des anoblis en Normandie que nous avons publié en 1866, numéro 1309. Garencières est du canton de Saint-André.

2. Le Ms. B. écrit « le Conte » et ajoute, à la fin de l'article : « porte un écusson escartelé, l'un d'azur, chevronné d'or, semé de trois croix de gueules, et l'autre quartier d'ar-

3. Bertrend Sebire, de la paroisse d'Houetteville, a produit sa généalogie et plusieurs lettres justificatives; et porte d'or, à un chevron de sable, deux roses de gueules en chef et une molette de mesme en pointe.

4. Jean Le Pelletier, de la paroisse de Jumelles, a produit certain arrest des généreaux de l'an 1470 et a été déchargé.

5. Martin Le Cerf, de la paroisse de Neufvillette la Comtesse, a produit sa généalogie prouvée par témoins; et porte d'asur à un cerf d'or.

gent, à bandes de gueules, chargé de trois tourteaux de sable. »

3. Robinet Sebire, qui figure dans la Monstre de l'arrière-ban du bailliage d'Evreux en 1469, p. 6, habitait aussi la paroisse d'Houetteville, canton de Louviers.

4. Cette famille possédait le fief de la Perruche à Jumelles, canton de Saint-André. Simon le Pelletier, seigneur de la Perruche, figure dans la Monstre de l'arrière-ban du bailliage d'Evreux en 1469, p. 7. L'anoblissement par les francs-fiefs et l'arrêt de décharge mentionné dans le présent article sont rappelés dans l'Etat des anoblis, numéro 1212.

5. Les le Cerf possédaient le fief de la Bigotière à la Neuvillette, ancienne commune réunie à Mousseaux-Neuville,

6. Pierre de Sabrevois, sieur de Fourcinville, a produit sa généalogie.

Du 7 de juin 1523.

7. Martin Huillard, sieur du Coudré, de la paroisse d'Alleville, annobli par la chartre des francs-fiefs ; et porte d'azur, a une lampe d'or ardente, à une orle a 7 mollettes d'argent.

8. Louis du Marchis, sieur de la Place, du

canton de St-André. Voy. le Rôle des taxes de l'arrière-ban du bailliage d'Evreux, en 1562, numéro 459.

6. Le Ms. B. dit avec raison sieur de « Foucrainville, de ladite paroisse, sergenterie d'Ivry ». L'aveu de la baronie d'Ivry, en 1579, Archives de la Seine-Inférieure, B. 182, mentionne le fief de Sabrevois à Foucrainville, tenu alors par Marguerite de Sabrevois. Foucrainville est du canton de Saint-André.

7. Alleville n'existe pas. Nous pensons qu'il faut lire Calleville, canton de Brionne, où se trouvait une vavassorerie du Coudray relevant du Neubourg. Roch de Huillard en était seigneur en 1562 (Rôle, numéro 381).

8. La Place est un fief à St-Germain-sur-Avre, canton de Nonancourt, où étaient les du Marchis en 1562. Voy. le Rôle

Moulin-Saint-Germain, a été réputé noble par le témoignage de plusieurs seigneurs.

Du lundy 8 juin 1523.

9. Nicolas le Cordier, sieur du Tronc, greffier en la jurisdiction des Aides, annobli par Louis 12 en novembre 1509, enteriné en la chambre des comptes à Paris en payant cent soixante et quinze livres et en la cour de Messieurs les généraux, en juillet 1517.

10. Robert le Grand, de la paroisse de Sainte-

---

de l'arrière-ban du bailliage d'Evreux, numéros 307, 498 et 499. Chevillard leur donne pour armes : de gueules, à trois chevrons d'argent.

9. Le Troncq, canton du Neubourg. Les le Cordier obtinrent de grandes charges au xviiie siècle. Chevillard leur donne pour armes : d'azur, à la bande d'argent, chargée de cinq losanges de gueules et accostée de deux molettes d'éperon d'or.

10. Sainte-Marthe, canton de Conches. Martin le Grand y possédait, en 1469, le fief de la Gaignerie, et figure, à ce titre, dans la Monstre de l'arrière-ban du bailliage d'Evreux

Marthe, a produit un arrest du 29 aoust 1512 donné par Messieurs les généraux, où il a été déclaré noble.

11. Jean de Cahars, bastard de la maison de Chanteloup, déclaré contribuable et deffence de s'intituler écuyer.

12. Jacques du Marchiz, sieur de Saint-Germain-sur-Avre, tenu pour noble.

13. Paris le Conte, sieur du Clos-Morin, de la famille de Denis la Cour, sieur d'Orvaux, tenu pour noble.

p. 57. Voy. aussi l'Etat des anoblis, numéro 1307. Chevillard et la Chesnaye des Bois indiquent plusieurs familles de ce nom en Normandie. Nous ne savons à laquelle de ces familles se rattachent les le Grand de la Gaignerie.

11. Le Ms. B. lit: «Cahurs ou la Haye, bastard de la maison de Chanteloup, de l'élection de Conches». Nous croyons qu'il faut lire Jean de la Haye, et qu'il appartenait à la famille de ce nom, laquelle possédait à cette époque le fief de Chanteloup, à St-Vigor-sur-Eure, canton d'Evreux sud.

12. Voy. le numéro 8.

13. Le Clos-Morin est un fief de la commune de Burey, canton de Conches. Au lieu de Denis la Cour, il faut lire Denis le Conte, car la famille le Conte possédait alors le fief

14. Antoine d'Houetteville, fils bastard de defunct Guyon d'Houetteville, sieur de Muits, dit qu'il est homme d'armes de la compagnie de Monsieur d'Alençon et qu'à la journée de Millan contre les Suisses, il s'y porta en homme de cœur, il fut fait chevalier de la main du Roy. Ordonné qu'il vérifiera.

15. Estienne Pellerin, sieur du Bois-Anzeray, a produit sa généalogie avec lettres justificatives.

16. Jean le Métayer, demeurant à Damville,

d'Orvaux. Jehan le Conte, seigneur d'Orvaux, figure dans le Rôle de 1562, numéro 297. Paris le Conte obtint, en 1526, une main-levée des droits d'usage de son fief de Clos-Morin dans la forêt de Conches, Arch. de l'Eure, E., 165.

14. Muids, canton de Gaillon, de l'ancien diocèse de Rouen. Antoine d'Houetteville habitait sans doute l'élection d'Evreux. L'ancienne famille de Houetteville portait : d'argent, à la fasce de sable.

15. Le Bois-Anzeray, canton de Rugles. Etienne Pellerin était de la famille des le Pelerin de Gauville, qui portent : d'or, à un chevron échiqueté d'argent et de gueules ; au chef de sable chargé de trois coquilles d'or. Une généalogie authentique de cette famille existe aux Arch. de l'Eure.

16. Damville, chef-lieu de canton. Jehan le Mectoier, qui

anobli par la chartre des francs-fiefs en l'an 1471.

17. Jean le Rebours, sieur du Mesnil de la Breteche, demeurant en la paroisse de la Tilloire, a produit arrest du 14 juin 1483 donné par Messieurs les généraux par lequel il est déclaré noble.

18. Thomas de Valletot, demeurant à Rugles, a produit sa généalogie.

comparut à la Monstre de l'arrière-ban du bailliage d'Evreux en 1469 (p. 49), était seigneur du fief de Mont-Larron à Authenay, près de Damville. Il est probable qu'il appartenait, avec le Jehan le Metayer de notre article, aux le Metayer de la Haye-le-Comte et de Guichainville qui portaient pour armes : d'azur, à trois aigles d'argent rangés en fasce, becqués et armés de sable.

17. Le Ms. B., au lieu de la Tilloire qui n'existe pas, a lu avec raison « Vielle-Lyre ». Cette commune, qui est du canton de Rugles, renferme en effet le fief du Mesnil-de-la-Bretèche. Un Jean Rebours comparaissait, en 1469, à la Monstre de l'arrière-ban du bailliage d'Evreux, p. 48, et les héritiers d'un autre Jean le Rebours, seigneurs du Mesnil-de-la-Bretèche, figurent dans le Rôle de 1562, numéro 300. Cette famille, qui habitait l'élection de Falaise au xviie siècle, a pour armes, d'après Chevillard et la Chesnaye des Bois : de gueules, à sept losanges d'argent, 3, 3 et 1.

18. Rugles, chef-lieu de canton. La nombreuse famille des

Du mardy 9 juin 1523.

19. Guillaume le Bareau de la paroisse de la Neufville-du-Bosc, annobli par la chartre du Roy Louis 11, en l'an 1464, registrée en la chambre des comptes le 28 juin audit an.

20. Jacques Langlois, sieur des Crichets, a produit sa généalogie.

Valletot, ou Vattetot, a possédé plusieurs terres aux environs de Rugles. Ils habitaient aussi l'élection de Bernay, où ils justifièrent de leur noblesse lors de la Recherche de 1666. Chevillard leur donne pour armes : de gueules, à une tierce ondée d'or, abaissée sous un croissant, surmontée d'une fleur de lys, le tout du même. La Chesnaye des Bois blasonne ainsi les mêmes armes : de gueules, à trois petites fasces ondées d'or, surmontées d'un croissant de même et d'une fleur de lys en chef aussi d'or.

19. Le Ms. B. a lu « Blareaux ». Un Jehan le Blareaux, homme d'armes, se présenta à la Monstre de l'arrière-ban du bailliage d'Evreux, en 1469, pour la vicomté de Beaumont, dont faisait partie la Neuville-du-Bosc, aujourd'hui canton de Brionne. Nous ne connaissons pas d'autre membre de cette famille.

20. Le Ms. B. ajoute : « et que son aïeul étoit natif d'Ecosse », mais cette phrase appartient sans doute au numéro

21. Pierre de Vallence, demeurant à Fresnay, a produit sa généalogie et que son ayeul était natif d'Ecosse.

22. Jean de Kardeordain, de la paroisse de Muladost de Nonencourt, a dit qu'il est natif de Bretagne.

23. Jacques de l'Estang a produit sa généalogie,

suivant, qui est omis dans ce manuscrit. Au lieu de *Crichets*, nous pensons qu'il faut lire les *Crèches*, fief à Ecquetot, canton du Neubourg, commune voisine de Criquebeuf-la-Campagne, où nous trouvons aussi les Langlois. Voy. ci-dessous le numéro 86.

24. Cet article a été passé dans le manuscrit B. Voy. la note précédente. Fresney, canton de Saint-André. Hector de Valence en était seigneur en 1562. Voy. Rôle de 1562, numéro 535,

22. Le Ms. B. a lu « Carde Burdain, de la paroisse de la Madeleine-de-Nonancourt». Peu de noms ont été plus souvent altérés que celui de cette famille, et quoique nous l'ayons souvent rencontré, nous ignorons encore la véritable leçon. Voy. Etat des anoblis, numéro 538 et Rôle de l'arrière-ban, en 1562, numéro 458. Elle possédait le fief de Merville à la Madeleine-de-Nonancourt au XVIe siècle. Dans les actes de l'état civil, on trouve souvent Concordain.

23. La famille de l'Estang a longtemps possédé la seigneu-

3*

et qu'il fut anobli par la chartre des francs-fiefs en l'an 1471.

24. Thomas des Hayes, de la paroisse de Saint-Pierre-d'Evreux, a produit plusieurs lettres et écritures.

25. Antoine Halbout, sieur de Blondemare, de

rie du L'Habit, canton de Saint-André, et figure dans la Monstre de 1469 et dans le Rôle de 1562, numéro 447. Chevillard lui donne pour armes : de gueules, au chevron d'or, accompagné de trois roses d'argent.

24. Jehan des Haies, bourgeois d'Evreux et seigneur des Breux, à cause de sa femme, figure dans la Monstre de l'arrière-ban du bailliage d'Evreux, en 1469. p. 5. Un autre Jehan des Hayes, seigneur des Breux, figure dans le Rôle de 1562, numéro 437. On trouve aussi un Robert des Hayes, chevalier, seigneur de Saint-Luc, qui rend aveu du fief de la Charmoye aux barons d'Ivry en 1526. Comme le fief des Breux, au Val-David, est près de la Charmoye et de Saint-Luc, la famille des Hayes qui le possédait était peut-être cette branche puînée de la maison d'Espinay-Saint-Luc, que mentionne la Chesnaye des Bois. Dans ce cas, elle aurait porté pour armes: d'hermine, à la fasce de gueules, chargée de trois boucles d'or.

25. Blondemare, fief à Bois-Normand-la-Campagne, ancienne commune réunie à Ormes, canton de Conches. Des

la paroisse de Boisnormand, a produit sa généalogie.

26. Jean Martel, sieur de Chanbine, descendu de la maison de Basqueville.

Du mercredy 10 juin 1523.

27. Jean de Bourdonné, sieur de Champigny, et y demeurant, a produit sa généalogie et plusieurs lettres justificatives ; et porte d'azur à 3 chevrons à 3 pigeons en chef et une étoille d'argent en pointe.

28. Louis le Moine, sieur d'Aviron, a produit

membres de la famille Halbout figurent dans la Monstre de 1469, p. 69, et dans le Rôle de 1562, numéro 324. Chevillard leur donne pour armes : d'azur, à trois coquilles d'or.

26. Chambines, fief à Hécourt, canton de Pacy. L'antique maison des Martel de Baqueville avait pour armes : d'or, à trois marteaux de gueules. Ces armes sont aussi données par Chevillard aux Martel de Chambines.

27. Champigny, canton de Saint-André. Les armes doivent être ainsi blasonnées : d'azur, à trois chevrons d'or , accompagnés en chef de trois pigeons d'argent rangés, et en pointe d'une étoile de même.

28. Le Ms. B. dit « sieur d'Aviron, de ladite paroisse». Avi-

sa généalogie et plusieurs lettres justificatives,
anobli par la chartre des francs-fiefs ; et porte de
gueules à un chevron d'or à trois roses d'argent.

29. Richard Postis, sieur d'Argences, au droit
de sa femme, de la paroisse de Saint-Pierre-d'E-
vreux, anobli par la chartre des francs-fiefs en
novembre 1470.

30. Guillaume Le Conte, lieutenant général du
vicomte d'Evreux, annobli par Charles 8 moyen-
nant 90 l. d'or, en l'an 1485.

31. Jacques Bellenger, vicomte de Beaumont-

rou , canton d'Evreux nord. Jehan le Moine figure déjà
comme seigneur de cette paroisse dans la Monstre de 1469.
Une famille le Moine, sieur de Biville, possédant les mêmes
armes, fut maintenue, d'après Chevillard, au mois d'octobre
1668, dans l'élection d'Arques.

29. Cet article est omis dans le Ms. B. Argences, fief à
Evreux. Les Postis figurent encore comme seigneurs d'Argences dans l'Etat des anoblis, numéro 1412, et dans le
Rôle de 1562, numéro 489. Chevillard leur donne pour
armes : d'azur, à trois rencontres de cerf d'or.

30. Un grand nombre de familles nobles en Normandie
portent le nom de le Conte. Nous ne savons à laquelle de
ces familles se rattache Guillaume le Conte.

31. Jacques Bellenger figure dans l'Etat des anoblis,

le-Roger, a produit sa généalogie et arrest de Messieurs les généraux du 12 juin 1520.

Du vendredi 2 juin 1523.

32. Guillaume Alexandre, fils de Philippe, sieur de Vattetot-sur-Beaumont, a produit sa généalogie et plusieurs lettres justificatives ; et porte d'argent à une bande d'azur, chargée de 3 coquilles d'or.

33. Damoisselle Jeanne d'Esmalleville porte d'argent à une fleur de lys de sable.

numéro 1335. Les Bellenger, qui sont mentionnés comme seigneurs de Fontaine-l'Abbé et du Hazet dans le Rôle de 1562, numéros 364 et 365, sont probablement de la même famille. Ses armes nous sont inconnues.

32. Cet article est à une autre place dans le Ms. B. Nous ne connaissons pas de Vattetot sur Beaumont. Peut-être s'agit-il de Vattetot-sous-Beaumont (canton de Goderville, Seine-Inférieure), dont le seigneur ou son fils aurait habité l'élection d'Evreux en 1523.

33. Cette famille d'Esmalleville est sans doute celle dont nous trouvons deux membres dans le Rôle de 1562, numéros 48 et 160.

34. Damoiselle Marguerite de Fontaines porte d'argent à une fasse d'azur, chargée de 3 grilets d'or.

35. Nicolas Hennequin, sieur de Rully et y demeurant, a produit sa généalogie avec lettres et écritures justificatives.

36. Richard et Jean Guilletaz, son frère, ledit Richard sieur de Saint-Aubin-d'Arseville, out produit leur généalogie.

34. Le Ms. B. a lu : « trois grilles » au lieu de trois grilets. Parmi les nombreuses familles du nom de Fontaines, nous n'en avons point trouvé qui portent les armes indiquées dans cet article.

35. Reuilly, canton d'Evreux sud. La famille Hennequin possédait ce fief dès 1455. Elle portait, d'après Chevillard : d'argent, à la bande componnée d'azur et d'or de six pièces surmontée d'un lambel du second. Nous avons vu, dans une copie de la Recherche de 1666, le lambel désigné comme d'azur.

36. Le Ms. B. a lu : « et Jean Guilletaz, son frère, ledit Richard sieur de Saint-Aubin-d'Ausseville ». Il s'agit de Saint-Aubin-d'Ecrosville, canton du Neubourg. Peut-être y avait-il dans l'original Saint-Aubin-d'Asseville ou Azeville. Azeville est un fief qui s'étend sur les paroisses de Marbeuf et

37. Pierre Henry, lieutenant du vicomte de Conches, anobli en mars 1470 pour 45 l.

38. Jean Bois l'Evesque, du Neufbourg, annobli par la chartre des francs fiefs en novembre 1470.

39. Guillaume Boullent, de la paroisse de Saint-

de Saint-Aubin-d'Ecrosville. Le fief de Saint-Aubin, relevant de la demie baronnie laïque de la Croix-Saint-Leufroy, fut décrété en 1546 sur David de Guilletas. Voy. E. 583, Arch. de l'Eure. Nous ne connaissons pas les armes de cette famille.

37. Mathieu Henri, vicomte de Conches et Breteuil, figure à la Monstre de 1469, p. 57. Les héritiers de Benard Henry possédaient le fief de la Pihalière à Condé-sur-Iton, d'après le Rôle de 1562. Les armes de cette famille nous sont inconnues.

38. Robin Boislevesque, bourgeois du Neubourg, figure à la Monstre de 1469. Cette famille, devenue importante, avait pour armes : d'azur, au chevron d'argent, accompagné de trois trèfles d'or, deux en chef et un en pointe.

39. Le nota ne se trouve point dans le Ms. B., et il est évident qu'il a été ajouté après coup par quelque copiste. Au lieu de Grisselles, il faut lire Glisolles, canton de Conches. On l'écrivait souvent autrefois Grisolles. Quant aux armes, ce sont probablement les anciennes armes de la famille, d'où dérivent celles qu'indiquent le Catalogue et ar-

Denis d'Evreux, a produit sa généalogie ; et porte d'azur à 3 gerbes de bled d'or.

NOTA qu'en l'an 1529 il y avoit un Raoul Boullent, sieur de Grisselles, conseiller au parlement de Normandie.

40. Nicolas Taupin, sieur du Mesnil-Pean, a produit sa généalogie et lettres justificatives.

41. Jean Doublet, sieur de la Haye, a produit lettres.

morial du parlement de Rouen, par M. de Merval : de gueules, à la fasce d'argent, chargée de trois tourteaux d'argent, accompagnée de trois épis montant d'or, 2 et 1.

40. Le Mesnil-Péan, ancienne paroisse, aujourd'hui hameau de Bérengeville-la-Campagne, canton du Neubourg. Nicolas Taupin, qu'on y trouve en 1516, descendait de Colin Taupin, écuyer, seigneur du Mesnil-Péan, qui rendit aveu au roi de ce fief en 1459 ; Arch. impériales, P. 308, numéro 242.

41. La Haye, fief à la Neuvillette, ancienne paroisse réunie à Mousseaux - Neuville, canton de Saint-André. Ces Doublet sont probablement les mêmes qui devinrent seigneurs de Breuilpont, commune voisine, et marquis de Persan. Les armes de ces derniers sont : d'azur, à trois doublets ou papillons d'or, posés 2 et 1.

42. Robert Boudin, de la paroisse de la Haye-de Cailleville, anobli par la chartre du 28 janvier 1472 par 45 l.

43. Jacques Masquerel, sieur du Bois-Millon, demeurant à Ivry, ses ancestres sortis cadets de la maison d'Hermanville en Caux ; et porte d'argent à une fasse d'azur diaprée d'or, accompagnée de 3 roses de gueules, deux en chef et une en pointe.

44. Jean Nollent, sieur de Thuit-Anger, a pro-

---

42. La Haye-de-Calleville, canton de Brionne. Un Raoul Boudin, « seigneur des fiefs Blayvectes et de Graveren » figure parmi les vougiers à la Monstre de l'arrière-ban de 1469, vicomté de Beaumont-le-Roger.

43. Le Bois-Milon, paroisse du Cormier, canton de Pacy-sur-Eure. Le Ms. B. donne cette variante : « d'argent, à trois roses de gueules, une face d'azur chargée de deux lions rampants, et un aigle au milieu volant d'or, enchaînés l'un à l'autre par des chaînettes d'or. » Les Masquerel, seigneurs d'Hermanville, sont fort connus. Chevillard leur donne pour armes : d'argent, à la fasce d'azur, diaprée de trois médaillons d'or, celui du milieu chargé d'une aiglette éployée, les deux autres de deux lionceaux, celui à dextre contourné et accompagné de trois roses de gueules.

44. Le Thuit-Anger, canton d'Amfreville-la-Campagne. Le Ms. B. donne cette variante : « de gueules, à 13 étoiles et

duit sa généalogie et lettres justificatives. Porte de
gueules a 3 croix d'or, à une orle de 13 etoilles de
même.

Du lundi 15 juin 1523.

45. Lancelot Poisson, sieur du Bois-Baril, a
produit sa généalogie et plusieurs lettres justificatives ; et porte de gueulles à 3 coquilles d'or à un
dauphin d'argent en chef.

une croix d'or au milieu » . Deux membres de cette
famille, Hélie de Nollent et François, son cousin germain,
habitaient Beuzeville, élection de Pont-Audemer, et furent
maintenus lors de la recherche de 1666. On leur donne pour
armes : d'azur, à la croix d'or, cantonnée de 13 étoiles de
même, 4 au premier canton et 3 à chaque autre. Chevillard
dit : d'azur, à la croix d'or, cantonnée de quatre étoiles
de même.

45. Le Bois-Baril, ancienne commune réunie à la Barre,
canton de Beaumesnil. Lancelot Poisson était encore seigneur
de ce fief en 1562. Voy. Rôles des taxes de l'arrière-ban du
bailliage d'Evreux, numéro 272. Cette branche possédait et
habitait le fief du Mesnil à Clarbec, élection de Pont-l'Evêque,
et fut maintenue en 1666.

46. Jean de la Mare, sieur de Saint-Callais, a produit sa généalogie et lettres justificatives.

47. Eustache de la Thillais, demeurant à Sainte-Marthe, a produit sa généalogie et lettres justificatives.

48. Guillaume Bence, sieur du Buisson-Garembourg, a produit sa généalogie et plusieurs lettres et écritures.

49. Jacques d'Amours, sieur de............

46. Saint-Calais, fief à Louversey, canton de Conches. Un membre de cette famille, Jean-Baptiste de la Mare, sieur des Baux, habitant aussi Louversey, produisit à la recherche de 1666 et fut maintenu. Chevillard lui donne pour armes : d'azur, à la fasce d'argent, accompagnée de trois molettes d'éperon d'or.

47. Sainte-Marthe, canton de Conches. Le Ms. B. ajoute : « porte armes de croix Saint-André et 3 croissans ». Nous ne savons rien de cette famille.

48. Le Buisson-Garembourg, fief à Guichainville, canton d'Evreux sud. Un des descendants de Guillaume, Jean de Bence, aussi seigneur du Buisson-Garembourg, fut maintenu en 1666. Il portait : de gueules, à la fasce d'argent, accompagnée de 3 molettes d'or.

49. Le Ms. B. dit, avec raison : « sieur de Creches a jus-

cherche à justifier par temoins ; et porte d'argent semé de lacs d'amours.

50. Guillaume la Biche, sieur des Routtes, de la paroisse de Marcilly-la-Campagne, porte d'azur, a un chevron d'argent accompagné de 3 écureuils de même.

51. Richard Faroüil, de la paroisse du Vau-

tifié.» Les Crêches sont un fief à Portes, canton de Conches. Jacques d'Amours, seigneur de Greigneuseville, figure dans le Rôle de l'arrière-ban en 1562, numéro 362. Mais dans le Rôle de 1567 (Bibl. imp., Ms. F., 9849) on trouve Jean d'Amours, seigneur de Greigneuseville et des Creiches. Chevillard donne pour armes à une famille d'Amours maintenue en 1666, dans l'élection de Bayeux : d'argent, à trois lacs d'amour de sable.

50. Au lieu de Routtes, il faut lire les Routis, fief à Marcilly-la-Campagne, canton de Nonancourt. En 1562, Robert la Biche, écuyer, était seigneur de ce fief ; Rôle, numéros 335 et 429. En 1469, un Jacquet la Biche était seigneur de Motelle, fief à Saint-Georges-sur-Eure, près de Marcilly-la-Campagne.

51. Cette famille, dont le nom est souvent écrit Faroult et Faroul, habitait encore Saint-Cyr-du-Vaudreuil, canton de Pont-de-l'Arche, et une paroisse voisine, Saint-Etienne-du-Vauvray, canton de Louviers, lors de la Recherche de

dreuil et sergent hérédital du dit lieu, produit sa généalogie et titres.

52. Gilles Hébert, sieur de Rully, a produit sa généalogie avec lettres et écritures.

53. Jean de Sengey, de la paroisse de Ferrière-Haut-Clocher, anobli par la charte des francs-fiefs en l'an 14......

1666, où elle fut maintenue. Elle portait pour armes : d'azur, à la fasce d'argent, chargée de trois coquilles de sable, et accompagnée de trois pattes de griffon d'or.

·52. Cette famille, dont le nom s'écrit plus souvent Hesbert, a longtemps habité Reuilly, canton d'Evreux sud, où elle possédait un fief appelé le Hamel-Reuilly ou simplement le Hamel. Jehan Hébert figure dans la Monstre de 1469, p. 17, comme possédant un fief à Reuilly. François Hesbert était seigneur du Hamel-Reuilly, lors de la Recherche de 1666. Les armes sont : d'azur, au chevron d'argent, accompagné de trois molettes d'éperon d'or. Chevillard dit : au chevron d'or.

53. Le Ms. B. porte « Langey ou Laugey ». Il faut lire : Seugey. Jacques de Seugey, frère de Jean, était, en 1516, seigneur en partie de Ferrières-Haut-Clocher et d'Escamboc ; et, dans la Monstre de 1469, p. 9, on trouve : « Regault de Seugié, escuier, seigneur de deulx huitièmes de fief, l'un assis à Ferrière et l'autre à Escambost ». Nous n'avons pas

54. Jean le Comte, sieur de Vaux, a produit lettres justificatives.

55. Jacques de Hallot, de la paroisse de Villers, a produit sa généalogie et plusieurs lettres justificatives.

trouvé d'autre mention de cette famille, qui se sera éteinte peu de temps après. Ferrières-Haut-Clocher est une commune du canton de Conches. Escamboc est un fief à Quitte-beuf, canton d'Evreux nord.

54. Nous ne savons de quel fief de Vaux il s'agit. Ceux que nous connaissons dans l'élection d'Evreux étaient possé-dés à cette époque par d'autres familles. Peut-être faut-il lire Orvaux, commune du canton de Conches, dont un Jehan le Conte était seigneur en 1545. Cependant Chevillard men-tionne un le Conte, écuyer, sieur du Mesnil-Tison, de Vaux, etc., dans l'élection d'Evreux, auquel il donne pour armes : d'azur, à trois bars rangés en pal d'argent, le museau et les nageoires de gueules, au chef d'or.— Voy. le numéro 13.

55. Nous ne saurions dire avec certitude quelle est cette paroisse de Villers. Mais nous sommes porté à croire qu'il s'agit de Villiers-en-Désœuvre, canton de Pacy, où Jacques de Hallot possédait, à cette époque, le fief du Hallot. Ses armes seraient alors : d'argent, à deux fasces de sable, ac-compagnées de trois annelets du même, rangés en chef. Cha-cune des paroisses qui portent les noms de Villiers, Villers

56. Antoine de Saint-Paul, sieur de la Teuf, a fait apparoitre être descendu des comtes de Saint-Paoul.

57. Jean de Congny, sieur de Lorray, a produit sa généalogie et plusieurs lettres et écritures justificatives.

58. Nicolas de la Pierre, sieur du Val-Coutard

et Villez a eu anciennement son nom écrit de ces trois manières.

56. Le Ms. B. dit « Ruf ou Reuf ». Il faut lire Laleu, fief à Hécourt, canton de Pacy-sur-Eure. Pierre de Saint-Pol en était seigneur en 1469, Monstre, p. 17. Il portait d'argent, au sautoir dentelé de sable.

57. Lorey, ancienne commune aujourd'hui réunie à Breuilpont, canton de Pacy-sur-Eure. Voy. mes Comptes de la chatellenie de Breuilpont, note 4. Cette famille, dont le nom est le plus souvent écrit Cougny et quelquefois Coigny, possédait en même temps le fief de Vaux à Authenay où elle est restée jusqu'à la révolution. Chevillard, qui l'appelle Cogny, lui donne pour armes : d'argent, à la fleur de lis de gueules, accostée de deux membres d'aigle du même, celui à dextre contourné, et accompagné de trois loups de sable, ceux du chef affrontés.

58. Chevillard mentionne une famille de la Pierre et lui donne pour armes : d'azur, à trois bandes d'argent. Voy.

en partie, a produit lettres du dernier juin 1515
données par les commissaires de Monsieur le duc
d'Alençon, où il est réputé noble ; et porte de sable
à trois barres d'argent, et une étoile en pointe
de même.

59. Geoffroy Guespin, sieur du Val-Coutard en
partie, de la paroisse de......... a produit sa
généalogie et lettres justificatives.

60. Thibault Hardelay, de la paroisse de Huest,
a produit sa généalogie, plusieurs lettres justifi-

---

pour le Val-Coutard la note suivante. Le Ms. B. écrit Val-
Comtent dans les deux articles.

59. Le Ms. B. écrit « paroisse de Condé ». Il y a un hameau du Val sur la commune de Condé-sur-Iton, canton de
Breteuil ; mais nous ne savons si ce hameau a jamais porté
le nom de Val-Coutard ou Val-Content. Aucun généalogiste,
à notre connaissance, ne parle de la famille Guespin. Cependant le nom n'est pas altéré, car nous l'avons trouvé avec
la même orthographe au XVIIe siècle.

60. Le Ms. B. porte « estoille ou rose ». Huest, canton d'E-
vreux sud. Les Hardelay paraissent originaires de cette paroisse qu'ils ont habitée longtemps sans y posséder de fief.
Une branche de cette famille, qui possédait le fief de la Mo-
tinière à Boissy-Lamberville, élection de Bernay, produisit

catives et témoignages de plusieurs gentilhommes ;
et porte d'azur à 3 mains gauches.... et une rose.

61. Gauvin de Segois, sieur de Thisson, de la
paroisse de Mussy, a produit sa généalogie.

62. Robert le Velu, sieur du Buisson, a produit
sa généalogie et lettres justificatives.

63. Guillaume Picory, sieur de Villiers, a produit sa généalogie et plusieurs lettres justificatives ;

en 1666. Chevillard lui donne pour armes : d'azur, à trois
mains senestres d'or et une rose du même posée en cœur.

64. Le Ms. B. écrit « le Degois ». Nous croyons qu'il faut lire
Segris. Le copiste aura pris l'*r* pour un *o*, ce qui est très-
facile dans les écritures du XVIe siècle. Tizon, fief à Muzy,
canton.de Nonancourt. Le Rôle de l'arrière-ban, en 1562,
numéro 509, mentionne Gauvain de Segrye comme étant encore seigneur de Tizon. Il figure également dans le Rôle de
1567. Montfaut avait déjà trouvé Louis de Segrie au Mesnil-
sur-Blangy, sergenterie de Touques.

62. Le Buisson, fief à Nagel, canton de Conches. La famille le Velu portait pour armes : d'argent, à la bande de
gueules, chargée de trois molettes de champ.

63. Villiers est la commune de Villez-sur-le-Neubourg,
canton du Neubourg, dont on trouve le nom écrit Villiers et
Villers. Les Picory ont possédé la seigneurie jusqu'à la ré-

porte de gueules à deux fasses d'or, accompagnées
de trois roses d'argent.

64. Gilles Bardouf, sieur de Flipou, paroisse de
Saint-Aubin-de-Roville, a produit sa généalogie
avec lettres justificatives.

65. Philippe de la Haye, de la paroisse de la
Lire, a produit sa généalogie par témoins.

volution. Richard Picory en était propriétaire en 1562.
Voyez Rôle de l'arrière-ban en 1562, numéro 393.

64. Le Ms. B. écrit « Escauville » au lieu de Roville et
ajoute : « porte de sable, au premier quartier 3 escrevisses,
et en l'autre quartier une croix Saint-André en champ d'argent. » — Il s'agit ici du fief de Phipou à Saint-Aubin-d'E-
crosville, canton du Neubourg. Il y a plusieurs familles ou
plusieurs branches d'une même famille dont le nom, écrit
de diverses manières, se présente le plus ordinairement
sous la forme *Bardouil*. Leurs armes présentent aussi beaucoup de variété. La Monstre de 1469, p. 71, mentionne déjà
« Philipot Bardouil, seigneur de Faipou.» Chevillard, parmi
les familles du nom de Bardouil, en mentionne une de l'élection de Lisieux qui portait : d'or, à trois écrevisses de sable.

65. Le Ms. B. ajoute : « porte d'azur, à un lion rampant,
un chevron rompu d'argent, l'un des côtés chargé d'une
croix d'or et l'autre d'un esprevier. » Les familles de la
Haye sont nombreuses. Plusieurs sont mentionnées dans la

66. Laurens Thur, de la paroisse de Boisnormand a prouvé sa généalogie par témoins ; et porte partie de gueules et d'argent.

67. Charles le Barbier, sieur d'Aigleville, a produit sa généalogie et plusieurs lettres et écritures ; et porte d'argent à 3 mains.

68. Robert Postel, sieur de Vieux-Rouen, de la paroisse de Vauvray, a produit témoins de sa descente ; et porte d'argent à 3 roses vermeilles.

Monstre de 1469 et le Rôle de 1562. Nous ne saurions dire à laquelle de ces familles se rattache Philippe de la Haye. Il y a deux communes de Lyre, la Neuve-Lyre et la Vieille-Lyre, canton de Rugles.

66. Cette famille nous est complètement inconnue. Un Georges Theur se présenta à la Monstre de 1469 (p. 46), pour lui et pour le seigneur du Clos-Morin. Un Laurent le Tabouyer était seigneur en partie de Bois-Normand-près-Lyre, en 1511.

67. Aigleville, canton de Pacy. Voyez ma notice sur cette commune et l'Armorial de France, reg. 1er, p. 49. Les armes sont d'argent, à trois mains dextres de sable appaumées et posées 2 et 1.

68. Le Vieux-Rouen, fief à Saint-Pierre-du-Vauvray, canton de Louviers. Cette famille, qui a possédé longtemps

69. Guillaume Patry, de la paroisse de Saint-Denis d'Evreux, a produit sa généalogie, et qu'il est descendu d'une très-ancienne maison, qui porte de gueules à trois petites feuilles d'argent.

70. Pierre Herier, de la paroisse d'Aubernay, originaire d'Ecosse, a produit sa généalogie et lettres.

71. Guillaume Viel, de la paroisse du Plessis-Grohan, a produit sa généalogie avec plusieurs lettres justificatives.

le fief du Mesnil-Tranche-Mouche à Saint-Jacques-de-la-Barre, produisit dans l'élection du Pont-de-l'Arche à la Recherche de 1666. Elle est originaire de la Beauce.

69. Déjà un Jehan Patry, seigneur du Bois-Giroult à Creton (canton de Damville), mais demeurant au bailliage de Caen, figure dans la Monstre de 1469, p. 18. Samson Patry, écuyer, a été vicomte d'Evreux de 1485 à 1494. Chevillard les place dans l'élection de Bayeux et leur donne pour armes : de gueules, à trois quintefeuilles d'argent.

70. Au lieu d'Aubernay, il faut lire Ambenay, canton de Rugles. Voyez notre Notice sur cette commune.

71. Le Plessis-Grohan, canton d'Evreux sud. Nous ne connaissons pas les armes de cette famille. Déjà un Godefroy Viel, sans être propriétaire de fief, figurait en 1469 à la

72. Mathery de Beauvais, sieur de la prévôté d'Ailly, a produit sa généalogie et dit que l'aisné de sa maison réside au baillage de Caux ; et porte d'azur, à une croix d'argent, à 5 coquilles d'or.

73. Denis Henry, sieur de Groulle, de la paroisse de Garennes, originaire de Sainte-Menehoul en Lorraine, porte de sable à un chevron d'or.

Monstre de l'arrière-ban (p. 8) pour la vicomté d'Evreux. On peut voir plusieurs familles Viel dans Chevillard.

72. Ailly, canton de Gaillon. La seigneurie de cette paroisse appartenait au chapitre de Beauvais. La prévôté était fieffée depuis longtemps et possédée, dès le XVe siècle, par une famille de Beauvais. Voy. notre Notice sur la commune d'Ailly. Les armes indiquées dans cette Notice appartiennent à une autre famille de Beauvais. Badier donne pour armes aux de Beauvais, seigneurs des Minières et prévôts d'Ailly (qu'il appelle Ally) : d'argent, à la croix de sable, chargée de cinq coquilles d'or. Chevillard donne à des Beauvais de la généralité de Rouen des armes un peu différentes : d'argent à la croix de gueules, chargée de cinq coquilles d'or.

73. Nous croyons qu'il faut lire sieur de la Guéroulde, de la paroisse de la Guéroulde (canton de Breteuil), à moins que Denis Henry n'ait habité la commune de Garennes, canton de Saint-André, tout en étant propriétaire du manoir ou vavassorerie de la Guéroulde à la Guéroulde. Jehan Henry,

74. Bertrend de Limoges, sieur de la Chapelle, a produit sa généalogie avec plusieurs lettres et écritures justificatives.

75. Nicolas de Villers, lieutenant du vicomte d'Ivry, et y demeurant, a produit sa généalogie avec lettres justificatives ; et porte de sinople a 3 signes (cignes) au naturel.

Du 14 juin 1524.

76. Geoffroy de Quincarnon, de la paroisse de

prêtre, était seigneur de ce dernier fief en 1469 (Monstre, p. 62), et Michel Henry, écuyer, le possédait en 1516 (Minutes du tabellionnage d'Evreux).

74. La Chapelle-du-Bois-des-Faulx, canton nord d'Evreux. La famille de Limoges portait : d'argent, à six tourteaux de gueules, 3, 2 et 1. Elle a donné un président aux requêtes du parlement de Normandie. Voy. le Catalogue et armorial du parlement de Rouen, par M. de Merval.

75. Le Ms. B. écrit « le Villiers ». Ivry, canton de Saint-André, célèbre par la bataille de ce nom. Jehan de Villiers, écuyer, figure, comme seigneur de Serez (même canton), dans le Rôle de 1562, numéro 483.

76. Azeville, fief à Marbeuf, canton du Neubourg. Thomas

Saint-Pierre d'Evreux, anobli par les francs-fiefs
en novembre 1470, à cause du fief d'Azeville.

77. Jean de Quincarnon, de Beaumont-le-Roger, cousin germain de Geoffroy, anobli comme
dit est.

78. Antoine Rassent, demeurant à Conches,
sieur de Bois-Robert, a produit ses lettres à la
cour de Messieurs les généraux ; et porte d'azur,
à un chevron d'or, à 3 couronnes ou colonnes.

de Quiquernon (Quincarnon), seigneur d'Azeville, figure
dans la Monstre de 1469, p. 5, et Jacques de Quincarnon,
également seigneur d'Azeville, dans le Rôle de 1562, numéro 352. Chevillard inscrit cette famille dans l'élection d'E-
vreux. Elle portait pour armes : d'argent, à trois trèfles de
sinople. Voy. aussi l'Etat des anoblis en Normandie, numéro 1286.

77. Voy. la note précédente.

78. Le Bosc-Robert, ancienne commune réunie à Gisay,
canton de Beaumesnil. Colin Rassent figure dans la Monstre de
1469, p. 68, comme seigneur de la Chauvignière, fief sur la
Roussière, commune voisine. Chevillard place les Rassent
dans l'élection d'Arques, et M. de Merval (Catalogue et armorial du parlement de Normandie) blasonne ainsi leurs
armes : d'azur, au chevron d'argent, chargé de cinq croix

79. Jean de Tourneton, bailly de l'évesque d'E-
vreux, lieutenant en la vicomté de Conches, et y
demeurant, ses prédécesseurs originaires d'Angle-
terre, a produit sa généalogie.

80. Jacques de Garrencières , sieur du Long-
Buisson, de la paroisse de Notre-Dame-de-la-
Ronde d'Evreux, anobly en mai 1500.

81. Michel Anquetin, sieur de Tennoy, de la
paroisse de Sainte-Opportune, a produit sa généa-

de sable, accompagnées en chef de deux merlettes d'argent,
et en pointe d'un massacre d'or au bois d'argent.

79. Un membre de cette famille, Richard Tourneton, est
mentionné dans la Monstre de 1469, p. 27. Nous ne l'avons
trouvée dans aucun autre document.

80. Le Long-Buisson, fief à Evreux. Une famille de Garencières, très-nombreuse et très-ancienne, portait : de
gueules, à trois chevrons d'or. Aucune famille de ce nom ne
figure dans l'Etat des anoblis. Cependant noble homme
Jehan de Garencières, sieur du Long-Buisson, et Claude, son
fils, se trouvent cités dans les minutes du tabellionnage d'E-
vreux, en 1516.

81. Le Tanney, fief à Sainte-Opportune-du-Bosc, canton
de Beaumont. Jehan Anquetin, bailli d'Aumale, qui mourut
en 1400, était de cette paroisse et y fut inhumé. Voir un
article sur sa pierre tombale par M. Thaurin, dans les Mé-

logie et plusieurs lettres justificatives ; porte d'azur à 3 aiguières d'or, à la bordure de gueules.

82. Louis de Montfreville, de la paroisse de la Haye-Malherbe, a produit sa généalogie ; et porte d'argent à trois mouchetures d'hermine de sable.

83. Sebastien Loret, de la paroisse du Bois-Auzeray, a produit sa généalogie et lettres.

moires de la Société de l'Eure, en 1859, p. 206. Un Guillaume Anquetin, sieur du Bois, en la vicomté de Beaumont-le-Roger, est mentionné dans le Rôle de 1567, p. 100. Jehan Anquetin, seigneur du même fief, figure dans la Monstre de 1469, p. 68. Chevillard inscrit cette famille dans l'élection de Bernay sous le nom d'Anguetin et lui donne pour armes : d'azur, au chevron d'or, accompagné de trois aiguières à anses du même.

82. La Haye-Malherbe, canton de Louviers. « Noble homme Loys de Montfreulle et Jehanne des Champs, » sa femme, figurent, en 1516, dans les minutes du tabellionnage d'Evreux.

83. Le Bois-Anzeray, canton de Rugles. Jehan Loret figure à la Monstre de 1469, p. 55, dans la vicomté de Conches et Breteuil. Pierre Loret, seigneur des Métairies, est mentionné pour la même vicomté dans le Rôle de 1562, numéro 338. Le dictionnaire de la Chesnaye des Bois, édition de 1868,

84. Pierre de la Faye, grenetier du Pont-de-l'Arche, a demandé tems de vérifier sa noblesse.

85. Pierre Lambert, de la paroisse de Carville, a produit sa généalogie.

parle d'une maison de ce nom en Bretagne, à laquelle il donne pour armes : d'argent, au sanglier rampant de sable Nous ne savons s'il s'agit de la même famille.

84. Chevillard mentionne deux familles de la Faye : l'une élection de Pont-Audemer, ayant pour armes : de gueules, à la fasce d'or, accompagnée en chef d'une croisette fleuronnée et en pointe d'une tour couverte, le tout du même; la tour maçonnée de sable et ajourée du champ; et l'autre élection de Lisieux, portant : d'argent, au lion contourné de sable. François de la Faye, écuyer, fils de Robert de la Faye, écuyer, sieur de Mont-Gerout, et de Marguerite de Chauffour, descendant du Pierre de la Faye de notre article, fut déchargé des droits de francs-fiefs par sentence du 16 janvier 1694 (Arch. de l'Eure, Famille de la Faye).

85. Carville n'existe pas; c'est peut-être Claville, canton sud, ou Parville, canton nord d'Evreux. Un Pierre Lambert, avocat du roi à Evreux, remit sur clameur le 19 mars 1515, d'après les minutes du tabellionnage d'Evreux, le fief de Sainte-Colombe-la-Campagne qu'il venait d'acheter. Nous le croyons de cette famille Lambert qui possédait au XVIIe siècle le fief du Buisson-Fallue à Quessigny, canton de Saint-André.

86. Guillaume Langlois, sieur de Londemare, demeurant à Louviers, a produit plusieurs lettres justificatives et sa généalogie ; et porte d'azur à 2 chevrons d'argent à trois étoiles d'or.

Chevillard l'inscrit dans l'élection d'Andelys et lui donne pour armes : d'argent, à trois bandes de sable.

86. Landemare, fief à Fouqueville, canton d'Amfreville-la-Campagne. Cette famille Langlois le possédait encore en 1668. Si les armes n'étaient pas fort différentes, on pourrait croire que les Langlois de Landemare sont les mêmes que les Langlois, seigneurs de Criquebeuf-la-Campagne , commune limitrophe de Fouqueville. Ces derniers ont fourni deux conseillers au parlement, et M. de Merval leur donne pour armes : d'argent, au lion rampant de gueules, au chef d'azur, chargé de trois molettes d'or.

TABLE

DES NOMS D'HOMMES.

———

Herier, Pierre, 70.

Hesbert, François, 52.

Hesbert. Voy. Hébert.

Houetteville (d') : Antoine, Guyon, 14.

Huillard, Martin, 7.

Huillard (de), Roch, 7.

Kardeordain (de), Jean, 22.

Lambert, Pierre, 85.

Langey (de). Voy. de Seugey.

Langlois : Guillaume, 86;— Jacques, 20.

Laugey (de). Voy. de Seugey.

Limoges (de), Bertrend, 74.

Loret : Jehan, Pierre, Sébastien, 83.

Marchis (du), Louis, 8.

Marchiz (du), Jacques, 12.

Mare (de la) : Jean, Jean-Baptiste, 46.

Martel, Jean, 26.

Martel de Baqueville, 26.

Masquerel, Jacques, 43.

Mectoier (le), Jehan, 16.

Métayer (le), Jean, 16.

Moine (le) : Jehan, Louis, 28.

Montfreulle (de), Loys, 82.

Montfreville (de), Louis, 82.

Nollent (de) : François, Hélie, Jean, 44.

Patry : Guillaume, Jehan, Samson, 69.

Pellerin, Estienne, 15.

Pelletier (le) : Jean, Simon, 4.

Picory : Guillaume, Richard, 63.

Pierre (de la), Nicolas, 58.

Poisson, Lancelot, 45.

Postel, Robert, 68.

Postis, Richard, 29.

Quincarnon (de) : Geoffroy, 76, 77; — Jacques, 76; — Jean, 77 ; — Thomas, 76.

Quinquernon. Voy. Quincarnon.

Rassent : Antoine, Colin, 78.

Rebours (le), Jean, 17.

Sabrevois (de) : Marguerite, Pierre, 6.

Saint-Paul (de), Antoine, 56.

Saint-Pol (de), Pierre, 56.

Sebire : Bertrend, Robinet, 3.

Segois. Voy. de Segrye.

Segrie (de), Louis, 61. Voy. de Segrye.

Segris (de). Voy. de Segrye.

Segrye (de), Gauvain, 61.

Sengey (de). Voy. de Seugey.

Seugey (de) : Jacques, Jean, 53.

Seugié (de), Regault, 53.

Tabouyer (le), Laurent, 66.

Taupin : Colin, Nicolas, 40.

Theur, Georges, 66. Voy. Thur.

Thillais (de la), Eustache, 47.

Thur, Laurens, 66.

Tourneton (de) : Jean, Richard, 79.

Tourville (de), Pierre, 1.

Valence (de), Hector, 21.

Vallence (de), Pierre, 21.

Valletot (de), Thomas, 18.

Vattetot. Voy. Valletot.

Velu (le), Robert, 62.

Viel : Godefroy, Guillaume, 71.

Villers. Voy. Villiers.

Villiers (de), Jean, 75.

Villiers (le), Nicolas, 75.

TABLE
DES NOMS DE LIEU.

APPENDICE.

Composant les élections d'Evreux, Conches et Pont-de-l'Arche, en 1789,

ET QUI FAISAIENT, PRESQUE TOUTES, PARTIE

DE L'ÉLECTION D'ÉVREUX, EN 1523.

Élection d'Evreux.

Aigleville.
Angerville-la-Campagne.
Arnières.
Aulnay.
Autheuil.
Authieux (les.)
Authouillet.
Aviron.
Avrilly.
Bacquepuis.
Bailleul-près-Saint-André.
Bastigny.
Baux-Sainte-Croix (les).
Bérengeville-la-Campagne.
Bérengeville-la-Rivière.
Berniencourt.
Bernienville.
Bérou.
Bois-Gencelin.
Bois-le-Roy.
Boisset-Hennequin.

Boisset-les-Prévanches.
Boissière (la).
Boncourt.
Bonneville (la).
Bosc-Roger-sur-Eure.
Boussey.
Branville.
Brécourt.
Bretagnolles.
Breuilpont.
Brosville.
Bueil.
Caër.
Caillouet.
Cailly.
Caugé.
Cavoville.
Chaignes.
Chaignolles.
Chambray-sur-Eure.
Champ-Dolent.

Champenard.

Champigny.

Chanu.

Cierrey.

Cissey.

Claville

Cormier (le).

Coudray-près-Evreux (le).

Coudres.

Courdemanche.

Couture (la).

Cracouville.

Cravent.

Croisille (la).

Croisy.

Croix-Saint-Leufroy (la).

Croth.

Dampierre-sur-Avre.

Douains.

Droisy.

Ecardenville-sur-Eure.

Emalleville.

Epieds.

Evreux.

Ezy.

Fains.

Fauville.

Ferrières-Haut-Clocher.

Fontaine-Heudebourg.

Forêt-du-Parc (la).

Foucrainville.

Fresney.

Futelaye (la).

Gadencourt.

Garencières.

Garennes.

Gauciel.

Gaudreville.

Gauville-la-Campagne.

Glisolles.

Gratheuil.

Gravigny.

Grossœuvre.

Guichainville.

Hardencourt.

Haye-le-Comte (la).

Hécourt.

Heudreville-sur-Eure.

Heunière (la).

Heurgeville.

Hondouville.

Houetteville.

Houlbec-Cocherel.

Huest.

Illiers-l'Evêque.

Ivry.

Jouy.

Jumelles.

L'Habit.

Lignerolles.

Lorey.

Louye.

Madeleine-de-Nonancourt (la).

Madeleine-s^r-Heudreville (la).

Marcilly la-Campagne.

Marcilly-sur-Eure.

Martainville-près-Pacy.

Melleville.

Menilles.

Merey.

Mesnil-Fuguet (le).

Mesnil-Péan (le).

Mesnil-sur-l'Estrée (le).

    (la même que la Madeleine-sur-Heudreville).

Miserey.

Morsent.

Mouettes.

Mousseaux-près-Saint-André.

Muzy.

Neuilly.

Neuville-des-Vaux (la).

Neuville-près-Claville.

Neuville-près-Saint-André.

Neuvillette (la).

Nonancourt.

Normanville.
Oissel-le-Noble.
Orgeville.
Osmoy.
Pacel.
Pacy.
Parville.
Pithienville.
Plessis-Grohan (le).
Plessis-Hébert (le).
Prey.
Quessigny.
Quittebeuf.
Rouvray.
Sacquenville.
Saint-André-en-la-Marche.
Saint-Aquilin-de-Pacy.
Saint-Aubin-du-Vieil-Evreux.
Saint-Chéron.
Saint-Georges-des-Champs.
Saint-Georges-sur-Eure.
Saint-Germain-de-Fresney.

Saint-Germain-de-Navarre.
Saint-Germain-des-Angles.
Saint-Julien-de-la-Liègue.
Saint-Laurent-des-Bois.
Saint-Luc.
Saint-Martin-la-Campagne.
Saint-Vincent-des-Bois.
Sassey.
Serez.
Sôgne (la).
Thomer.
Tournedos.
Tourneville
Trinité (la).
Vacherie-sur-Hondouville (la).
Val-David (le).
Vaux-sur-Eure.
Ventes (les).
Vieil-Evreux (le).
Villegats.
Villiers-en-Désœuvre.
Vironvay.

Élection de Conches.

Acon.
Alaincourt.
Ambenay.
Amfreville-la-Campagne.
Authenay.
Authieux-près-Barquet (les).
Auvergny.
Barc.
Barquet.
Baux-de-Breteuil (les).
Beaubray.
Beaumontel.
Beaumont-le-Roger.
Bémécourt.
Berville-la-Campagne.
Blandey.
Bois-Anzeray.

Bois-Arnault.
Bois-Baril (le).
Bois-Hubert (le).
Bois-Normand-la-Campagne.
Bois-Normand-près-Lyre.
Boissy-sur-Damville.
Bosc-Roger-près-Barquet.
Boshion (le).
Bougy.
Bray.
Breteuil.
Breux.
Burey.
Calleville.
Cambe (la).
Canappeville.
Champ-Dominel.

Champignolles.
Chanteloup.
Charnelles.
Chavigny.
Chesne (le).
Collandres.
Combon.
Conches.
Condé-sur-Iton.
Corneuil.
Coulonges.
Créton.
Crosville-la-Vieille.
Dame-Marie.
Damville.
Ecardenville-la-Campagne.
Ecauville.
Ecquetot.
Emanville.
Epégard.
Epréville-près-le-Neubourg.
Essarts (les).
Faverolles-la-Campagne.
Ferrière-sur-Risle.
Feuguerolles.
Fidelaire (le).
Fresne (le).
Fretils (les).
Gisay.
Gouberge (la).
Goupillières.
Gouville.
Grandvilliers.
Graveron.
Grenieuseville.
Guernanville.
Guéroulde (la).
Harcourt.
Haye-de-Calleville (la).
Haye-du-Theil (la).
Hectomare.
Hellenvilliers.
Herponcey.

Houssaye (la)
Huanière (la).
Iville.
L'Hosmes.
Long-Essart.
Louversey.
Mancelles.
Manthelon.
Marbeuf.
Marnières.
Mesnil-Hardray (le)
Mesnil-Vicomte (le).
Minières (les).
Moisville.
Morainville-sur-Damville.
Mousseaux-sur-Damville.
Nagel.
Neaufles-sur-Risle.
Neubourg (le).
Neuve-Lyre (la).
Neuville-du-Bosc (la)
Noë-de-la-Barre (la).
Nogent-le-Sec.
Nuisement.
Ormes.
Orvaux.
Panlatte.
Perriers-la-Campagne.
Plessis-Mahiet (le)
Portes.
Puthenaye (la).
Pyle (la).
Quincarnon.
Rôman.
Romilly-près-Bougy.
Roncenay (le).
Rouge-Perriers.
Rugles.
Sacq (le).
Saint-Aubin-de-Barc.
Saint-Aubin-d'Ecrosville.
Saint-Aubin-des-Hayes.
Sainte-Colombe-la-Campagne.

Saint-Denis-du-Béhélan.
Saint-Elier.
Saint-Germain-sur-Avre.
Saint-Léger-la-Campagne.
Saint-Léger-le-Gauthier.
Sainte-Marguerite-de-l'Autel.
Sainte-Marthe.
Saint-Melain-la-Campagne.
Saint-Nicolas-d'Attez.
Saint-Nicolas-du-Bosc.
Sainte-Opportune-du-Bosc.
Sainte-Opportune-la-Campag.
Sainte-Opportune-près-Rugles
Saint-Ouen-d'Attez.
Saint-Victor-de-Chrétienville.
Salle-Coquerel (la).
Sébécourt.
Séez-Mesnil.
Séez-Moulins.
Sémerville.

Thibouville.
Thuit-Signol (le).
Tilleul-Dame-Agnès.
Tilleul-Lambert (le).
Tilleul-Othon (le).
Tillières.
Tremblay (le).
Troncq (le).
Vacherie-près-Barquet (la).
Vaux-sur-Risle.
Vieille-Lyre (la).
Vieilles.
Vieux-Conches (le).
Villalet.
Villers-près-la-Barre.
Villettes.
Villez-sur-Damville.
Villez-sur-le-Neubourg.
Vitot.
Vitotel.

Élection de Pont-de-l'Arche.

(Cette élection fut presqu'en entier détachée de l'ancienne élection ou diocèse d'Evreux. On y ajouta cependant quelques paroisses du diocèse de Rouen, qui font aujourd'hui partie de la Seine-Inférieure. Elles sont marquées d'une astérique.

Acquigny.
Ailly.
Alisay.
Amfreville-sur-Iton.
* Authieux-sur-le-Port-Saint-Ouen (les).
Bec-Thomas (le).
Bosc-Roger-en-Roumois.
Boulay-Morin (le).
Caudebec-près-Elbeuf.
Cesseville.
Chapelle-du-Bois-des-Faulx (la)
* Cléon.
Crasville.

Crestot.
Criquebeuf-la-Campagne.
Criquebeuf-sur-Seine.
Damneville.
Damps (les).
Dardez.
Daubeuf-la-Campagne.
* Elbeuf.
Fontaine-Bellenger.
Fontaine-sous-Jouy.
Fouqueville.
* Freneuse.
Harengère (la).
Haye-Malherbe (la).

Heudebouville.

Igoville.

Incarville.

Irreville.

Léry.

Limbeuf.

Louviers.

Mandeville.

Manoir (le).

Martot.

Mesnil-Jourdain (le).

Montaure.

Notre-Dame-du-Vaudreuil.

Pinterville.

Planches (les).

Pont-de-l'Arche.

Portejoie.

Poses.

Quatremare.

* Quevreville.

Reuilly.

St-Amand-des-Hautes-Terres.

* St-Aubin-jouxte-Boulleng.

Sainte-Colombe-près-Vernon.

Saint-Cyr du-Vaudreuil.

Saint-Cyr-la-Campagne.

Saint-Didier.

Saint-Etienne-du-Vauvray.

Saint-Germain-de-Pasquier.

Saint-Martin-la-Corneille.

Saint-Melain-du-Bosc.

Saint-Nicolas-du-Bosc-Asselin

Saint-Ouen-de-Pontcheuil.

Saint-Pierre-de-Liéroult.

Saint-Pierre-des-Cercueils.

Saint-Pierre-du-Vauvray.

Saint-Vigor.

* Sotteville.

Surtauville.

Surville.

Thuit-Anger (le).

Thuit-Simer (le).

Tostes.

Tournedos-sur-Seine.

Tourville-la-Campagne.

* Tourville-la-Rivière.

Venon.

Vieux-Villez.

Vraiville.

EVREUX. — CANU, IMPRIMEUR, RUE CHARTRAINE, 25.

www.ingramcontent.com/pod-product-compliance
Lightning Source LLC
Chambersburg PA
CBHW070930280326
41934CB00009B/1818